collana didattica di musiche a cura di

Celestino Dionisi

Dedicato al Flauto Dolce

Gli scambi tra le dita
per Soprano

Exchanges between fingers
for Descant recorder

Vol. 3

Titolo | Dedicato al Flauto Dolce - Gli scambi tra le dita per Soprano - Volume 3
Autore | Celestino Dionisi

ISBN | 978-88-93321-22-8

Finito di stampare nel mese di
Gennaio 2016

Youcanprint Self-Publishing
Via Roma, 73 - 73039 Tricase (LE) - Italy
www.youcanprint.it
info@youcanprint.it
Facebook: facebook.com/youcanprint.it
Twitter: twitter.com/youcanprintit

Baroque Personal Trainer
http://studioemc.it/baroquetrainer/

Per vedere i video relativi a questo e ad altri volumi della collana:
To view videos on this and other books in the series:
You Tube http://www.youtube.com/user/BaroqueTrainer

Gli scambi fra le dita

per Soprano

Exchanges between fingers

for Descant recorder

Vol. 3

La

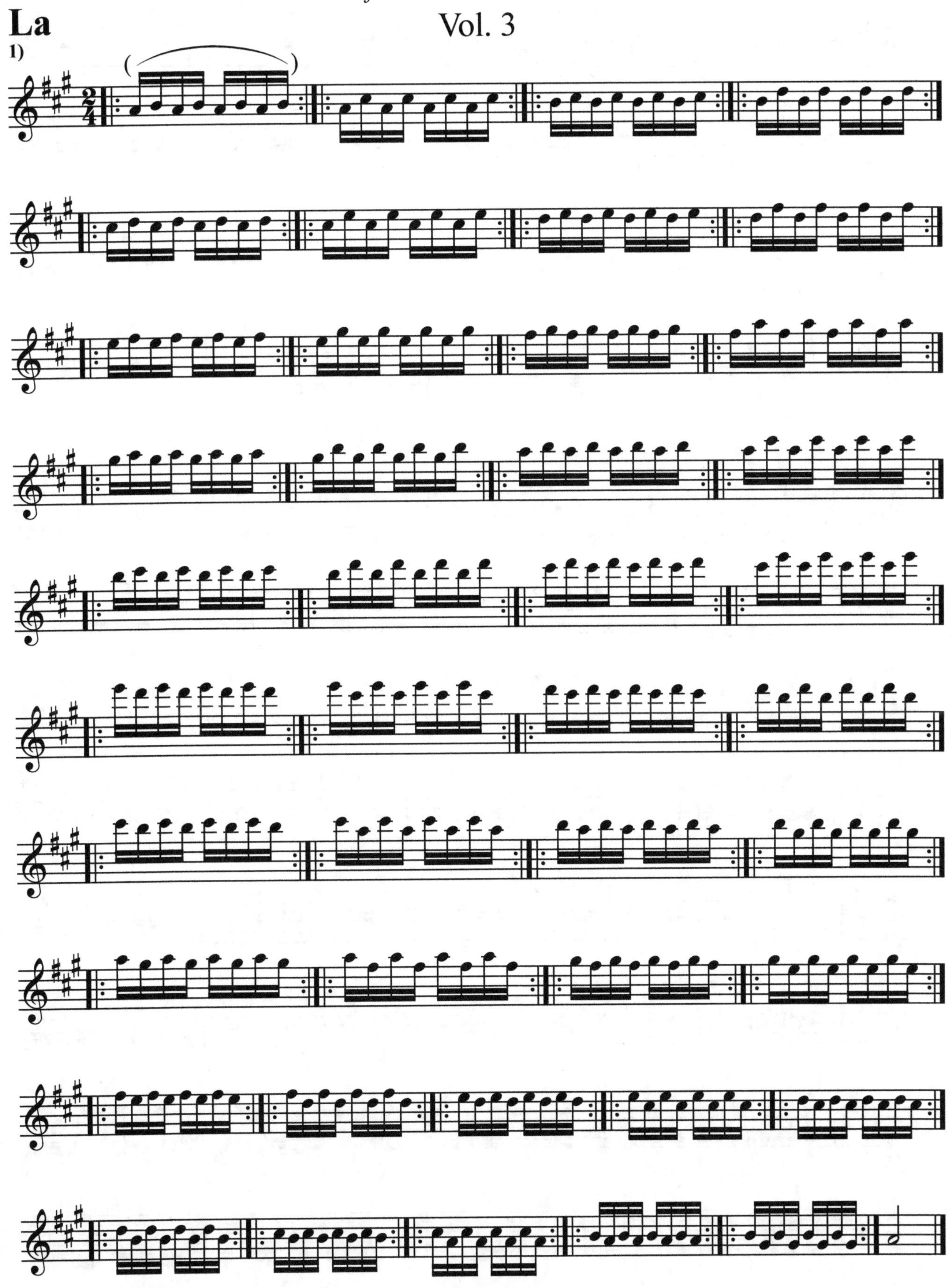

1a)

2)

2a)
3)

3a)

4)

4a)

1a)

2)

2a)

3)

3a)
4)

4a)
5)

5a)
6)
6a)

Fa ♯ minore melodica
1)

1a)
2)

2a)

3)
3a)

4a)
5)

6a)
Fa ♯ minore Bach
1)

1a)
2/4

2)

2a)

3)

3a)

4)

4a)
5)

5a)

6)

6a)

La♭
1)

1a)
2)

2a)
3)

3a)

4)

4a)

5)
5a)

6)

6a)

Fa minore armonica

1)

1a)

2)
2a)

3a)
4)

4a)
5)

Fa minore melodica
1)

1a)
2)

2a)

3)
3a)

44

5a)
6)

6a)
Fa minore Bach
1)

1a)

2)

2a)

3)

3a)
4)

4a)
5)

52

5a)

6)

6a)

Mi

1a)
2)

2a)

3)
3a)

4)

4a)
5)

5a)
6)

6a)
Do # minore armonica
1)

1a)

2)

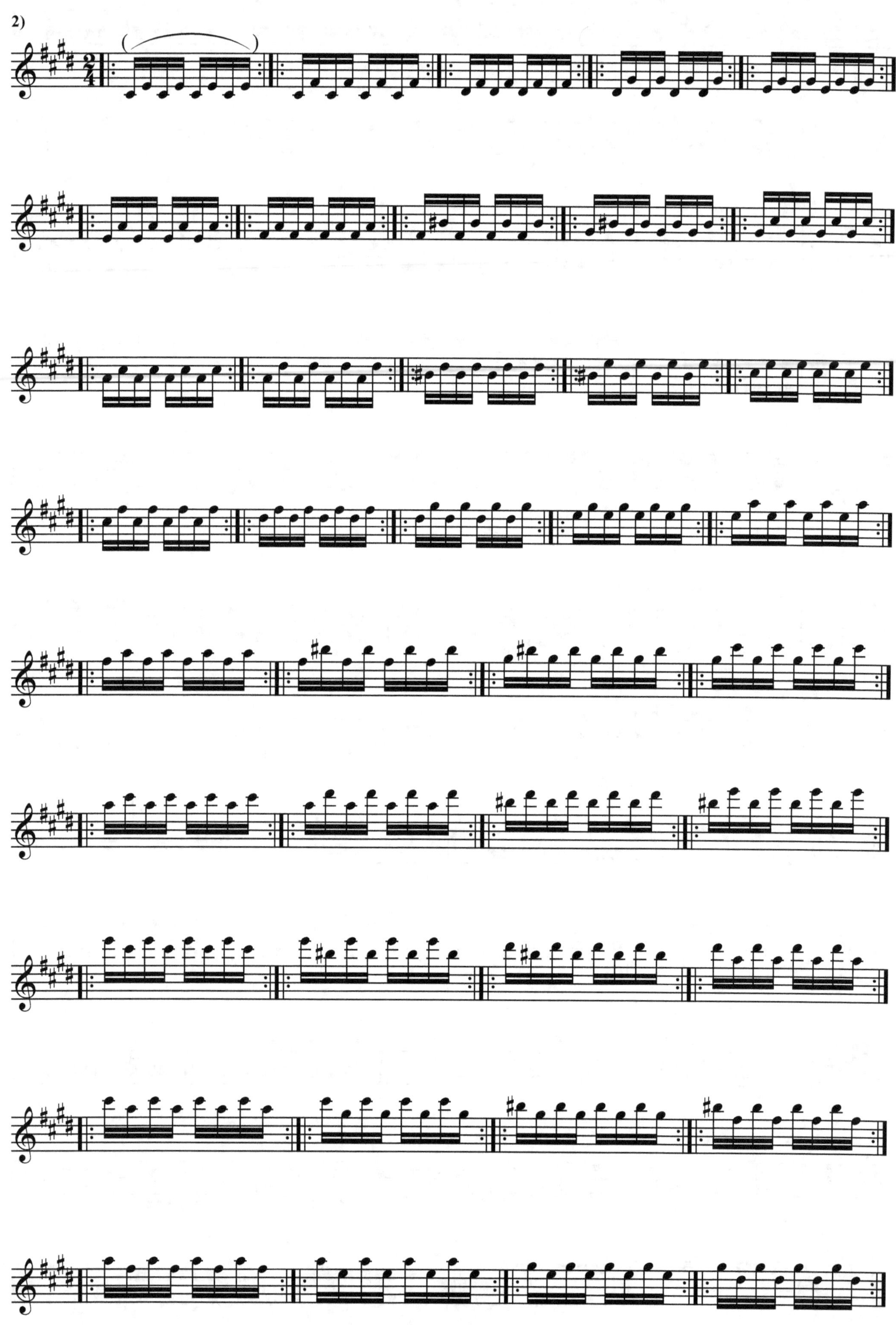

2a)
2
4

3)

3a)

4)

4a)

5)

5a)

6)
6a)

Do ♯ **minore melodica**

1)

2a)

3)

3a)

4a)
5)

5a)

6)

Do ♯ minore Bach

1)

1a)

2)

2a)

3)
3a)

4)

4a)

5)

5a)

б)

6а)

Finito di stampare nel mese di Gennaio 2015

per conto di Youcanprint *Self - Publishing*